Grazie per aver comprato quel libro

Parole intrecciate

Inglese

Codice ISBN: 9798594475731

Per aiutarci a continuare, non esitate
a mettere un commento sul sito.

Y	S	J	S	Q	L	X	M	G	A	Y
B	F	P	F	Y	X	G	I	C	N	F
X	D	P	T	J	V	R	I	V	T	A
L	W	Y	S	T	P	Z	X	C	E	L
Q	Q	K	L	P	T	O	W	H	L	C
J	G	I	R	A	F	F	E	T	O	O
J	Q	F	P	K	Q	M	I	W	P	N
Y	B	B	Z	Y	J	Y	E	H	E	O
O	U	Q	K	U	M	Q	C	A	O	Q
O	Q	Z	M	G	P	Y	Y	L	M	D
R	J	O	V	V	P	P	Y	E	C	J

ANTELOPE, GIRAFFE, WHALE, FALCON

G	Z	V	Q	G	F	B	E	B	G	X
C	H	Y	G	W	R	M	N	G	Z	J
X	K	J	Y	U	Q	M	M	T	B	K
Z	O	O	V	D	V	C	V	C	U	W
U	Y	P	C	O	G	P	C	V	J	L
L	S	C	N	L	U	J	C	D	F	V
K	C	Y	K	P	B	Z	H	X	G	D
J	W	V	F	H	V	E	A	G	L	E
I	J	K	K	I	T	L	K	P	F	F
S	I	P	B	N	I	S	E	A	L	F
Z	K	Y	U	J	P	I	G	E	O	N

DOLPHIN, SEAL, PIGEON, EAGLE

I	B	B	H	R	C	X	C	I	W	G
X	G	D	Q	U	Q	G	A	O	M	G
N	O	K	V	Q	Y	I	F	G	G	J
L	T	A	Z	J	A	R	Z	P	Y	Z
O	T	K	S	L	L	A	M	A	Z	H
O	E	V	H	X	Y	F	C	L	O	L
X	R	Z	J	P	W	F	I	Z	I	B
L	Y	L	M	I	I	E	F	G	M	K
S	H	J	J	F	I	R	L	S	A	Q
G	J	Y	G	U	Q	Q	L	R	G	Y
P	L	O	B	S	T	E	R	C	V	G

GIRAFFE, LLAMA, OTTER, LOBSTER

U	U	C	T	U	V	K	K	K	T	M
L	H	E	D	G	E	H	O	G	K	K
I	K	Q	D	W	K	G	Z	B	L	A
C	D	Y	U	U	A	C	C	R	A	B
R	C	Z	J	R	N	F	V	V	G	U
F	A	W	A	H	T	Y	S	Z	X	G
Z	K	M	Y	H	E	V	U	F	W	J
B	Q	F	X	X	A	J	P	M	U	V
K	P	B	D	Q	T	W	I	Y	Q	P
L	C	M	J	P	E	X	Y	H	J	W
U	U	G	T	C	R	J	M	M	Z	T

ANTEATER, HEDGEHOG, CRAB, JAY

Q	R	N	L	Z	U	E	K	Z	B	U
P	S	K	P	H	E	A	S	A	N	T
L	P	S	R	F	L	Z	N	F	V	I
A	H	Z	B	C	P	M	B	O	T	Z
T	B	G	X	K	G	S	M	C	C	O
Y	H	R	G	M	D	G	W	U	C	X
P	T	X	W	B	V	U	J	X	V	L
U	L	X	M	O	N	G	O	O	S	E
S	Y	X	O	L	F	K	M	U	M	I
J	H	P	K	H	F	M	M	F	R	V
A	H	I	Y	Y	Z	S	E	A	L	W

MONGOOSE, PLATYPUS, SEAL, PHEASANT

A	L	K	B	K	O	P	K	M	L	N
L	M	S	L	Q	A	L	I	L	K	Z
B	U	H	A	L	M	A	R	D	M	E
A	W	K	C	S	W	I	K	D	Q	E
T	Y	P	K	C	P	C	F	M	C	V
R	W	G	B	M	N	E	Y	C	C	B
O	Z	K	I	L	W	C	Z	Y	Z	V
S	Q	G	R	U	Y	Q	O	K	G	C
S	V	X	D	K	R	Z	U	L	B	X
G	N	P	B	Y	B	U	H	D	B	W
K	A	D	O	G	X	J	X	B	J	M

DOG, PLAICE, ALBATROSS, BLACKBIRD

K	K	S	W	L	S	Z	X	B	L	H
O	H	V	J	Y	K	Y	L	C	Z	H
V	F	Z	G	N	S	S	L	F	M	Y
F	A	M	F	X	B	P	J	B	P	C
Y	B	D	J	N	C	A	T	F	F	Y
Z	J	W	F	C	J	F	Q	L	U	W
U	L	C	W	J	M	X	K	F	Z	M
U	P	X	O	M	L	T	R	O	U	T
J	O	F	X	K	L	M	Q	P	C	Q
I	U	C	N	X	Q	G	Z	L	P	Z
P	I	G	E	O	N	H	P	Q	W	W

LYNX, CAT, TROUT, PIGEON

GIRAFFE, HARE, PIKE, DOVE

M	O	O	S	E	J	Q	Q	Y	C	C
B	I	D	D	Y	Y	L	B	C	W	T
D	B	A	Q	C	K	O	A	K	S	M
W	E	A	S	E	L	C	N	K	Y	U
V	F	J	A	B	J	X	T	K	B	M
J	Z	S	T	O	V	W	E	O	Q	Y
Y	G	Q	O	K	Y	K	A	J	G	Z
Y	Y	L	Y	X	P	Q	T	S	O	H
P	I	S	B	X	P	U	E	V	Z	O
J	U	L	D	C	W	S	R	U	J	D
G	H	L	V	K	N	Q	G	F	V	Q

ANTEATER, MOOSE, WEASEL, BIDDY

P	K	Y	X	V	U	I	C	W	P	L
J	E	K	Y	N	M	A	O	Y	L	M
L	M	C	F	P	M	K	N	N	A	O
W	B	J	B	E	U	Q	Y	M	T	P
V	T	T	K	J	R	V	G	F	Y	X
Q	K	P	I	K	E	J	U	V	P	L
X	C	Q	M	X	P	U	L	P	U	X
X	W	L	I	Y	L	Z	G	I	S	F
K	Q	Q	D	Y	C	Z	B	Z	U	L
H	A	D	D	O	C	K	Q	B	M	E
C	H	I	M	P	A	N	Z	E	E	K

CHIMPANZEE, PLATYPUS, HADDOCK, PIKE

J	C	D	Y	W	G	Y	U	D	D	C
Q	L	G	B	Y	D	Z	X	U	O	M
L	O	O	Y	A	H	Y	C	Y	K	B
H	P	T	N	Q	F	K	L	J	Z	P
I	F	P	E	R	C	H	K	P	G	O
K	U	B	Z	P	N	M	Z	D	N	L
Q	Z	Z	O	N	J	P	B	O	P	E
K	U	P	D	L	P	E	X	V	Z	C
R	A	V	E	N	F	V	K	E	D	A
L	K	S	Y	R	W	O	A	S	V	T
Q	Q	F	U	M	J	E	G	M	C	C

POLECAT, PERCH, DOVE, RAVEN

D	G	J	Q	W	B	I	O	K	O	P
U	H	P	G	Y	U	F	V	B	B	Q
W	A	D	P	E	Y	L	L	A	M	A
D	R	J	V	Q	S	K	U	N	K	Z
U	E	K	G	H	D	F	X	U	N	J
E	B	P	B	X	P	P	Z	L	L	D
K	X	W	C	D	X	V	B	M	Q	I
V	I	C	O	D	M	R	O	L	P	M
U	N	H	Q	U	K	P	Z	B	P	U
S	N	C	F	T	W	F	L	P	A	W
H	F	Q	B	J	F	Z	O	I	Q	Z

HARE, LLAMA, SKUNK, COD

H	Y	E	N	A	T	V	B	F	Q	F
P	S	V	B	T	E	E	L	C	V	C
Z	H	A	H	B	P	L	K	Z	T	L
W	Z	N	V	Y	P	W	O	L	F	Z
T	U	T	K	Q	A	V	B	B	F	K
B	N	E	H	Q	V	G	F	L	I	L
N	F	L	M	P	M	X	U	Z	O	K
A	Q	O	V	E	Q	G	M	L	J	Y
L	O	P	H	M	Z	X	C	B	Z	M
V	L	E	W	O	D	W	U	Y	X	W
O	Z	V	N	F	Q	P	W	X	C	I

ANTELOPE, HYENA, WOLF, EEL

C	N	A	F	Q	E	V	O	Q	J	J
J	L	Z	P	B	Z	G	Z	Z	G	O
X	F	Q	Y	P	Z	E	P	P	C	P
J	W	Z	Q	C	V	Z	W	I	S	C
K	W	D	M	K	P	Q	R	A	Y	Q
V	T	O	U	Z	G	Q	X	Q	F	V
N	Q	L	Z	B	A	Y	T	C	Z	W
J	B	P	H	O	K	G	F	O	O	J
Y	C	H	G	O	V	U	P	F	X	A
X	U	I	K	R	A	V	E	N	H	T
O	Z	N	S	S	H	A	R	K	B	G

DOLPHIN, RAY, SHARK, RAVEN

J	E	R	M	F	F	G	V	U	A	C
P	Y	A	Q	U	V	B	B	S	J	Z
A	O	V	K	D	G	G	I	I	Z	O
L	X	E	N	P	O	Y	G	A	V	X
B	P	N	Y	Z	A	C	G	K	X	Y
A	D	N	J	F	T	Q	N	S	V	R
T	P	B	M	G	Z	E	R	P	Z	N
R	X	I	M	A	R	M	O	T	Z	O
O	M	O	U	Y	B	F	J	F	G	Z
S	Y	C	M	B	R	B	V	P	W	U
S	J	X	P	E	U	Y	C	R	T	V

GOAT, MARMOT, ALBATROSS, RAVEN

V	Q	K	Q	W	C	M	K	F	B	W
L	P	W	W	X	M	M	K	K	F	Z
G	V	O	B	P	P	Q	J	T	P	X
T	K	S	E	A	L	P	E	X	V	F
M	V	M	B	N	Q	C	L	S	P	K
G	B	J	G	B	C	I	L	G	R	E
G	A	T	B	Y	L	X	Y	R	M	S
L	X	C	G	V	I	C	F	M	Y	T
G	P	D	U	F	O	U	I	L	P	R
V	O	S	D	B	N	X	S	L	B	E
M	V	Z	W	F	E	R	H	F	B	L

LION, SEAL, JELLYFISH, KESTREL

Word search grid:

O	T	G	F	K	U	C	Y	F	O	X
F	J	P	Z	S	W	Q	H	M	X	W
D	M	B	B	Z	M	Q	G	V	M	F
A	V	G	P	A	C	Q	H	T	F	B
K	B	V	S	N	O	C	O	J	G	L
K	Z	J	I	T	M	S	M	Z	Z	O
C	O	A	G	E	R	S	O	M	G	B
L	J	P	P	A	R	R	O	T	Q	S
V	N	O	B	T	V	P	G	O	F	T
M	L	C	C	E	L	X	M	M	O	E
G	G	U	C	R	W	I	O	Z	X	R

ANTEATER, FOX, LOBSTER, PARROT

<pre>
B B Q M F P R Q L U H
P G L F D P I K E W G
X R E W M K M P Z G B
Z V F W D I I E Y F P
F X E M O J P F W B T
Y P E V V F K U Z H C
W Q L G E S B Q H W O
M F Z C Z F P S I G S
N Z D A C H S H U N D
C A Y H K C D W Z O U
K Z I Z P O D J O C S
</pre>

DACHSHUND, EEL, PIKE, DOVE

C	K	O	C	V	M	C	Q	G	J	B
G	K	Y	Z	O	Q	B	K	V	X	Z
M	M	E	L	L	A	M	A	W	M	B
C	F	G	O	B	C	Y	F	V	F	F
V	X	K	D	B	Z	A	J	N	V	S
G	P	G	X	U	M	J	P	Q	D	B
O	Q	M	O	K	U	M	N	O	M	U
T	G	P	T	L	K	P	L	Z	W	Z
T	O	K	I	V	H	S	W	I	F	T
E	M	G	T	W	Q	J	S	P	J	O
R	N	D	J	Y	X	U	E	P	P	J

LLAMA, OTTER, SWIFT, TIT

L P P P Z J Y Z U Q P
V M O O S E V V P P D
Z J C M U O E K J M G
G O G H B G T D U P W
Y U Z A B F P M N U B
E P J R V C O O O N A
X L F E C A U X Q Y O
O W Q C W D U C K O T
G L G R L S H R I M P
X J N G N F J Z T Z N
J S O V M V U J F Z W

MOOSE, HARE, SHRIMP, DUCK

M	V	F	Z	S	I	B	G	X	Z	E
J	S	H	Z	R	P	O	M	O	L	W
O	W	L	F	O	M	M	X	N	J	X
X	C	B	O	Q	P	M	Z	W	F	U
B	V	T	Y	R	P	K	N	J	O	U
A	N	T	E	L	O	P	E	Y	H	S
F	W	Z	X	D	G	W	C	D	Y	U
V	H	T	L	C	Q	F	U	E	E	P
W	N	V	Y	M	M	P	H	E	N	Q
N	W	P	C	P	X	O	J	R	A	Z
V	U	Y	O	X	R	B	M	B	Z	X

ANTELOPE, DEER, HYENA, OWL

Q	J	Z	R	O	V	U	U	D	R	K
Y	H	T	G	X	X	C	Q	M	N	B
V	A	M	M	L	W	M	P	L	A	G
V	M	L	M	A	M	M	O	T	H	V
Q	S	P	K	X	F	C	M	Z	P	N
X	T	U	G	Y	M	Z	K	B	L	O
K	E	C	P	D	O	V	I	O	Y	U
C	R	F	R	L	W	J	V	C	D	H
P	G	Z	A	M	M	A	R	M	O	T
Y	V	Y	T	O	T	Q	A	B	O	I
V	H	L	H	I	B	L	D	W	I	A

HAMSTER, MAMMOTH, MARMOT, RAT

H	W	B	C	N	M	T	G	O	V	C
W	J	F	W	N	X	R	K	X	K	Y
L	M	K	P	C	T	J	Q	B	C	C
L	P	E	A	C	O	C	K	U	P	Y
R	R	H	F	U	O	U	K	O	Z	T
A	Z	S	M	G	V	J	B	A	J	L
Y	J	H	K	U	L	V	K	P	X	X
L	O	R	D	O	P	B	K	J	Y	J
J	X	I	I	W	J	Q	U	G	Q	M
Z	F	M	V	S	K	U	N	K	K	C
Y	O	P	Z	K	W	M	B	X	R	O

SKUNK, RAY, SHRIMP, PEACOCK

U H O G D X C B N X J
V G F V Y J G Z F W J
P V J E M C B B J C V
O E Y D Q L P G U G V
R G J A C K D A W J V
C Q O K L G B P N K J
U M J L Y C X Y W G B
P M C U K E S T R E L
I T G F T G D X E E W
N Q W C Z T B W P F B
E L Q Z E U Y W L J E

HOG, PORCUPINE, JACKDAW, KESTREL

W	H	M	J	A	Z	C	H	V	X	L
S	V	K	M	G	G	V	I	P	R	V
J	J	A	L	B	A	T	R	O	S	S
E	B	D	A	C	H	S	H	U	N	D
L	M	V	Z	R	O	O	S	T	E	R
L	G	F	X	W	J	Q	V	F	J	F
Y	K	L	I	B	F	U	X	X	R	C
F	E	B	C	Z	M	Q	H	K	V	U
I	K	Q	B	K	K	K	V	F	F	K
S	C	F	D	C	L	L	P	X	W	G
H	V	K	W	M	A	H	O	A	C	Z

DACHSHUND, JELLYFISH, ALBATROSS,
ROOSTER

C	J	D	B	I	L	B	Q	F	O	S
O	O	K	U	Z	M	L	N	B	P	L
Z	L	H	L	C	V	W	M	G	F	C
V	F	H	L	T	T	Z	X	G	Q	B
H	G	R	O	R	J	N	Y	D	O	G
H	F	V	C	Z	P	X	U	D	R	G
P	R	J	K	L	L	R	V	Z	Y	W
I	O	D	V	F	R	V	D	H	W	B
J	A	V	H	H	U	G	E	A	L	O
H	Y	E	N	A	O	Q	V	Q	G	G
Z	Y	G	J	O	S	T	R	I	C	H

BULLOCK, HYENA, DOG, OSTRICH

J	V	B	L	W	T	F	O	X	X	W
Q	K	Y	C	J	H	A	J	P	Z	J
V	F	U	G	L	F	L	G	I	G	F
L	L	W	K	Y	U	C	G	Y	J	I
M	A	O	F	X	Q	O	Z	C	A	T
C	M	G	B	Q	A	N	J	I	T	F
P	I	X	S	L	B	G	P	O	Z	D
H	N	J	E	G	I	E	M	G	P	B
Q	G	K	F	G	D	J	R	U	F	U
Q	O	F	U	P	D	K	K	J	E	Z
J	K	Q	S	N	Y	W	L	S	P	A

CAT, BIDDY, FALCON, FLAMINGO

O	K	A	X	Z	N	M	J	X	Z	L
V	N	N	O	I	D	Q	Q	K	U	L
S	R	U	F	J	W	Y	X	W	H	Z
T	J	T	Y	H	G	V	J	L	A	K
O	X	H	L	X	L	L	J	E	D	N
R	M	A	M	E	Z	K	B	R	D	O
K	H	T	Y	P	Q	Y	Q	C	O	X
Q	R	C	C	M	L	A	Q	X	C	H
Y	P	H	B	G	Y	P	U	H	K	O
Q	K	J	X	T	P	W	O	M	C	V
L	O	V	I	B	D	E	E	R	B	Q

DEER, HADDOCK, NUTHATCH, STORK

H	W	Q	K	W	O	X	L	Y	N	X
H	G	Q	Q	L	C	O	U	U	S	H
M	F	D	C	K	L	F	P	I	G	C
U	H	L	G	B	S	O	Y	A	Y	B
F	L	M	K	U	Z	F	Q	J	J	X
Y	J	B	S	L	B	C	X	M	M	M
A	S	J	A	L	I	Z	B	I	B	O
Z	S	I	L	O	M	R	Z	U	Q	L
I	C	R	M	C	M	L	G	W	G	V
X	H	F	O	K	J	I	G	Z	B	W
Q	J	Q	N	F	S	W	J	V	E	V

BULLOCK, LYNX, PIG, SALMON

LAJSWANMSMU
UNLCHYYBOKR
QQCKCEJOSKH
RVXVXYKZSHI
UBSDAKQMPTN
OQSXKESJABO
WWBKVSNQRMC
SIELVTWKSNE
AHPGLRDLJVR
UJPVFEUCWCO
RATBMLLWMZS

RAT, RHINOCEROS, KESTREL, SWAN

O	M	O	F	G	L	F	J	L	M	B
U	L	L	P	B	Z	V	Y	I	B	B
Y	W	V	C	T	W	K	J	Z	X	X
G	U	W	M	O	L	E	W	T	G	K
I	Z	V	Z	Z	J	L	K	H	B	J
R	J	V	B	E	A	R	V	Q	J	P
A	J	R	P	H	E	A	S	A	N	T
F	P	H	V	V	C	P	L	S	Z	Z
F	C	A	V	P	C	T	S	X	B	W
E	F	K	O	K	I	Y	S	W	N	K
W	R	Y	V	J	A	Y	J	C	F	R

GIRAFFE, MOLE, BEAR, PHEASANT

V	B	I	M	B	H	D	Q	P	R	M
M	Z	X	O	M	D	V	C	Z	G	P
E	Q	B	J	J	O	V	V	Q	J	A
Q	X	X	Z	K	L	C	E	I	G	I
Z	J	Q	T	B	P	T	T	I	T	X
W	C	J	F	B	H	P	C	P	V	M
Y	X	Z	X	Y	I	B	Q	T	K	Y
C	K	B	Z	Y	N	U	Y	O	X	Y
R	V	X	U	R	X	I	N	V	R	D
Q	J	D	S	H	E	L	L	Y	P	K
P	X	P	A	R	A	K	E	E	T	L

DOLPHIN, SHELL, PARAKEET, TIT

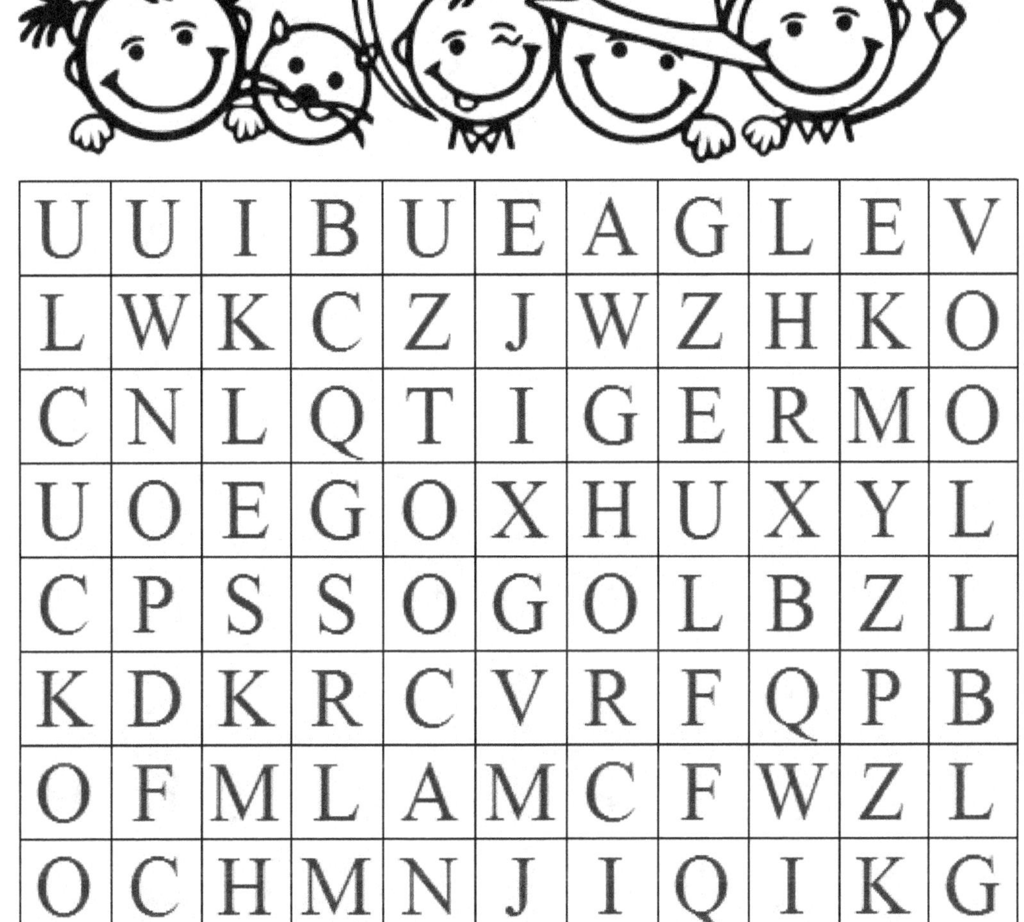

TIGER, CANARY, CUCKOO, EAGLE

PIKE, SALMON, ALBATROSS, CUCKOO

U	T	X	K	X	B	S	L	O	T	H
P	G	P	Z	T	Q	L	Q	Q	M	Y
Y	G	I	Q	D	Y	G	Z	B	S	I
L	C	G	T	Z	B	V	J	V	K	F
X	R	A	P	B	Z	B	T	M	E	T
K	O	Q	C	B	S	A	B	I	Q	Q
F	W	U	L	W	U	F	G	E	J	C
Z	V	W	O	R	X	G	F	M	Q	F
K	W	Y	Y	L	R	U	V	L	U	M
L	A	Y	P	L	P	R	O	L	Z	N
L	P	O	R	C	U	P	I	N	E	J

PIG, PORCUPINE, SLOTH, CROW

E	N	Q	Z	C	N	S	S	S	M	B
Y	X	L	P	A	G	Z	Z	F	U	S
J	M	A	R	M	O	T	Y	X	K	F
H	P	P	Y	E	G	V	X	X	O	K
P	P	L	X	L	G	B	B	Q	E	M
M	M	M	Y	Z	D	T	J	F	K	K
F	L	M	G	G	H	Y	E	N	A	F
L	V	C	Z	D	C	F	V	P	G	B
R	F	M	S	L	O	T	H	A	W	S
L	L	T	E	B	C	V	Y	Z	V	X
V	Q	U	J	V	R	F	P	Z	B	C

CAMEL, HYENA, MARMOT, SLOTH

J	G	G	P	C	U	F	O	C	C	Q
Z	J	V	S	P	U	O	N	J	I	L
P	P	P	R	C	A	Z	G	O	A	T
J	Q	L	F	J	N	J	Z	Z	Y	W
S	M	A	M	Y	T	P	N	B	L	Y
F	U	T	V	C	E	P	Y	O	U	N
I	L	Y	Z	B	L	F	E	O	G	Y
N	S	P	L	V	O	L	B	G	M	M
C	B	U	M	X	P	V	O	X	M	U
H	V	S	J	K	E	P	V	C	Q	S
L	U	B	J	H	Y	Z	V	N	C	K

ANTELOPE, GOAT, PLATYPUS, FINCH

A	H	A	R	T	W	S	H	A	R	K
A	J	M	K	Y	U	W	W	D	D	F
Y	J	K	B	M	B	D	M	K	B	Z
F	U	P	Z	B	F	A	X	I	Q	A
J	Q	P	D	B	X	C	K	H	K	F
I	Z	V	V	J	O	H	L	N	M	Q
M	O	L	E	B	Z	S	C	O	N	O
Y	A	G	K	W	W	H	K	K	F	O
A	A	K	K	G	M	U	E	Q	U	Q
Q	Y	F	Y	L	R	N	C	V	B	F
K	P	B	M	K	Z	D	L	W	K	Q

DACHSHUND, HART, MOLE, SHARK

<table>
<tr><td>K</td><td>C</td><td>X</td><td>C</td><td>C</td><td>J</td><td>P</td><td>B</td><td>H</td><td>I</td><td>K</td></tr>
<tr><td>K</td><td>C</td><td>V</td><td>D</td><td>E</td><td>C</td><td>O</td><td>E</td><td>W</td><td>F</td><td>V</td></tr>
<tr><td>K</td><td>U</td><td>N</td><td>H</td><td>A</td><td>B</td><td>Q</td><td>N</td><td>P</td><td>W</td><td>Y</td></tr>
<tr><td>B</td><td>G</td><td>W</td><td>B</td><td>G</td><td>P</td><td>O</td><td>U</td><td>W</td><td>K</td><td>V</td></tr>
<tr><td>N</td><td>J</td><td>U</td><td>Y</td><td>L</td><td>P</td><td>N</td><td>Q</td><td>A</td><td>B</td><td>L</td></tr>
<tr><td>W</td><td>U</td><td>K</td><td>P</td><td>E</td><td>L</td><td>W</td><td>J</td><td>M</td><td>Q</td><td>E</td></tr>
<tr><td>V</td><td>V</td><td>O</td><td>V</td><td>B</td><td>M</td><td>L</td><td>M</td><td>Q</td><td>Q</td><td>X</td></tr>
<tr><td>I</td><td>A</td><td>O</td><td>B</td><td>O</td><td>U</td><td>U</td><td>X</td><td>B</td><td>Y</td><td>U</td></tr>
<tr><td>H</td><td>A</td><td>R</td><td>E</td><td>F</td><td>P</td><td>J</td><td>L</td><td>E</td><td>W</td><td>A</td></tr>
<tr><td>K</td><td>N</td><td>P</td><td>H</td><td>E</td><td>A</td><td>S</td><td>A</td><td>N</td><td>T</td><td>H</td></tr>
<tr><td>K</td><td>O</td><td>O</td><td>K</td><td>A</td><td>B</td><td>U</td><td>R</td><td>R</td><td>A</td><td>Z</td></tr>
</table>

HARE, EAGLE, KOOKABURRA, PHEASANT

O	J	R	Q	L	R	J	H	N	P	N
B	Q	T	I	G	E	R	K	Q	C	S
T	C	J	N	R	G	Y	S	S	E	V
S	M	C	X	O	Q	G	K	F	C	P
Z	Z	N	G	R	O	V	U	N	C	L
F	B	F	B	I	G	Q	N	W	C	A
J	B	O	A	X	C	C	K	L	X	I
A	L	V	R	C	U	N	S	Y	F	C
J	I	S	B	X	D	P	S	Z	V	E
F	V	H	E	K	W	Q	G	T	K	V
Y	I	B	L	L	V	O	X	L	C	X

SKUNK, TIGER, BARBEL, PLAICE

D	X	Q	F	C	K	B	B	J	B	V
R	V	W	E	M	F	R	B	M	L	P
S	U	R	G	Z	V	B	P	V	A	O
H	D	H	J	P	T	Y	O	D	C	L
M	O	N	G	O	O	S	E	J	K	E
Z	V	B	M	I	Q	F	T	X	B	C
J	E	C	H	P	Z	Z	P	M	I	A
X	P	A	O	B	Y	G	V	L	R	T
F	V	B	V	V	E	Q	F	Z	D	W
V	S	G	U	E	X	Q	E	B	T	U
F	C	M	M	P	I	J	P	B	U	O

MONGOOSE, POLECAT, BLACKBIRD, DOVE

O	G	X	O	M	Y	V	C	Z	O	Q
L	G	H	D	U	D	R	F	B	S	U
W	U	L	F	T	V	Y	L	W	I	D
J	X	A	N	T	E	A	T	E	R	P
P	Y	S	E	I	C	U	Z	U	V	O
E	X	E	Y	U	G	J	G	C	S	C
L	I	L	B	N	K	S	S	Z	H	M
I	J	N	Q	O	P	F	W	Y	R	V
C	F	S	W	P	E	N	G	U	I	N
A	D	Z	F	L	P	V	L	L	M	Q
N	Y	B	F	A	S	K	E	X	P	K

ANTEATER, SHRIMP, PELICAN, PENGUIN

F	L	A	M	I	N	G	O	J	B	O
Z	Q	Y	F	K	W	U	P	M	G	N
C	Y	P	E	L	Z	W	P	F	U	T
Y	I	A	E	U	J	Z	F	L	B	M
V	Q	R	L	U	E	Z	L	K	C	Z
X	B	A	Y	O	D	W	H	O	V	M
E	S	K	W	L	G	O	E	L	U	G
O	B	E	K	V	Z	X	F	S	H	Q
D	Z	E	O	E	K	X	F	K	A	F
Y	J	T	I	E	O	B	R	N	W	J
P	Q	C	F	W	Z	C	M	R	K	P

EEL, FLAMINGO, HAWK, PARAKEET

C	W	D	O	G	H	V	A	H	F	W
Q	M	Q	N	U	X	I	L	O	V	D
D	O	S	A	T	O	R	Z	G	U	F
M	O	C	H	A	L	I	B	U	T	N
R	M	K	P	S	W	U	Z	R	X	Z
M	A	K	J	R	W	U	C	H	I	F
V	R	M	B	E	Z	T	R	O	Q	S
Q	M	A	F	R	B	O	C	Q	S	V
M	O	F	V	U	L	T	U	R	E	P
O	T	L	H	H	U	V	Q	O	T	S
Z	L	B	V	J	U	Y	K	E	C	L

MARMOT, DOG, HALIBUT, VULTURE

F	P	M	C	R	V	V	B	J	S	H
G	O	V	W	L	V	N	G	L	V	C
U	N	V	H	E	X	J	Z	J	Z	C
G	Y	P	B	Q	M	F	Q	C	K	W
K	Y	G	I	R	A	F	F	E	Z	M
P	M	X	M	P	W	C	O	K	F	L
H	U	F	W	Y	M	W	K	Y	L	Z
B	L	V	U	Q	J	G	Q	C	W	N
C	E	E	V	M	C	G	W	D	R	U
Y	B	X	D	G	D	M	F	P	E	D
E	R	K	D	U	V	Y	L	Y	N	Q

GIRAFFE, MULE, PONY, WREN

W	B	F	B	B	W	O	W	M	Z	P
M	E	V	F	X	P	Y	H	Y	X	Y
U	A	J	L	S	O	O	V	V	S	X
I	R	A	Q	V	Z	A	M	V	F	B
H	S	Y	U	G	G	H	C	V	H	R
U	X	A	C	G	J	M	W	X	Z	Z
T	R	H	I	N	O	C	E	R	O	S
L	Y	W	Y	S	L	Y	U	F	M	W
D	Z	B	L	A	C	K	B	I	R	D
B	Q	Y	J	J	L	M	E	P	W	H
C	J	Y	T	U	K	E	H	Q	D	Z

BEAR, RHINOCEROS, BLACKBIRD, JAY

C	C	S	C	G	X	C	H	U	K	P
P	J	V	U	U	C	X	D	E	E	R
X	Y	J	C	V	Q	O	V	L	C	K
H	C	Z	K	G	B	O	Z	M	J	J
B	Z	B	O	A	U	W	Z	W	M	P
M	P	X	O	Z	W	L	Y	N	X	E
Q	V	P	K	E	L	V	S	E	K	X
Y	W	P	P	L	Y	Z	X	B	Z	A
P	J	Y	N	L	U	A	Q	P	C	J
F	Y	O	Z	E	V	J	Y	V	Y	G
H	P	K	D	U	J	G	T	V	X	W

DEER, GAZELLE, LYNX, CUCKOO

W	O	O	D	P	E	C	K	E	R	I
K	S	G	K	Z	W	C	Z	G	U	S
W	S	H	E	L	L	W	X	M	U	K
G	Y	E	P	P	D	Z	T	O	B	U
K	V	K	G	Z	G	C	C	B	S	N
H	F	O	W	D	Q	D	Q	Q	V	K
E	C	Z	P	H	P	P	Z	F	G	X
B	R	H	I	N	O	C	E	R	O	S
A	G	N	W	B	Q	P	O	Y	R	L
V	H	W	Q	J	W	Q	U	U	D	N
K	P	L	P	C	K	J	U	Q	J	M

RHINOCEROS, SKUNK, SHELL, WOODPECKER

P	J	W	L	K	U	U	C	L	K	X
Y	Q	Z	R	M	M	W	E	I	O	S
P	Q	L	Q	U	R	C	V	J	Z	Z
V	U	V	M	L	P	L	Z	X	I	P
R	X	H	H	E	D	G	E	H	O	G
L	H	P	F	K	W	P	G	K	Q	Z
F	Q	E	I	L	H	F	Q	Y	C	N
Y	U	Y	N	H	G	M	C	N	G	O
V	N	Z	F	A	D	F	M	Q	X	M
E	X	L	T	R	K	E	F	J	L	N
Y	S	O	R	E	I	N	D	E	E	R

HARE, HEDGEHOG, MULE, REINDEER

U	O	F	X	M	V	V	C	W	I	Q
C	G	E	E	F	Z	R	W	A	I	T
K	H	X	Z	I	G	L	X	J	Z	K
I	L	J	N	T	W	L	O	Z	F	T
X	A	U	T	Z	Q	A	Y	M	C	M
P	Z	Z	N	P	H	M	C	Z	A	G
L	C	H	I	M	P	A	N	Z	E	E
F	W	P	Q	Z	U	W	J	P	M	B
C	S	P	A	R	R	O	W	B	L	Y
E	N	G	N	U	T	H	A	T	C	H
Y	B	Y	Q	F	K	A	F	S	M	P

CHIMPANZEE, LLAMA, NUTHATCH, SPARROW

ANTELOPE, GIRAFFE, WHALE, FALCON

DOLPHIN, SEAL, PIGEON, EAGLE

GIRAFFE, LLAMA, OTTER, LOBSTER

ANTEATER, HEDGEHOG, CRAB, JAY

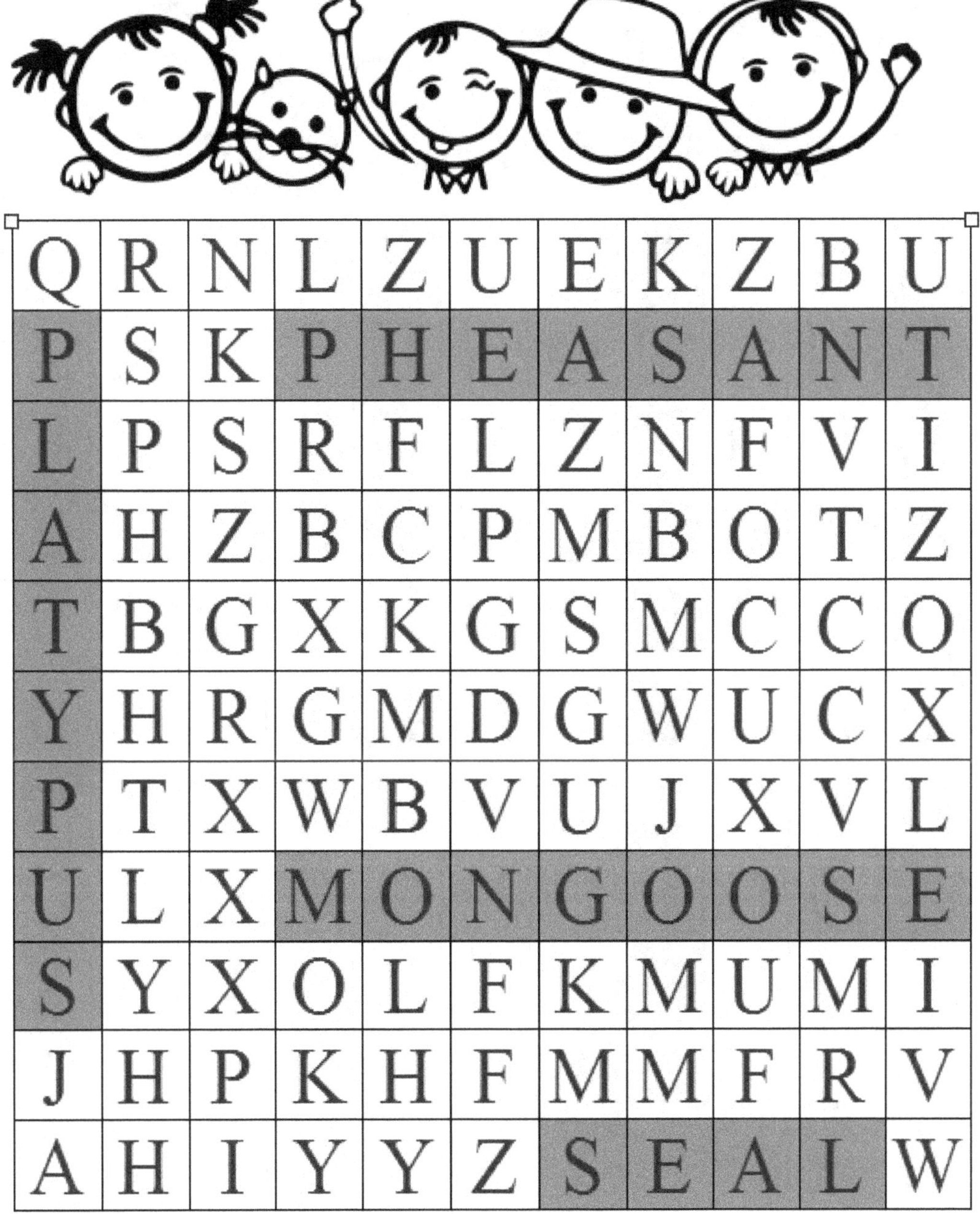

MONGOOSE, PLATYPUS, SEAL, PHEASANT

DOG, PLAICE, ALBATROSS, BLACKBIRD

LYNX, CAT, TROUT, PIGEON

GIRAFFE, HARE, PIKE, DOVE

ANTEATER, MOOSE, WEASEL, BIDDY

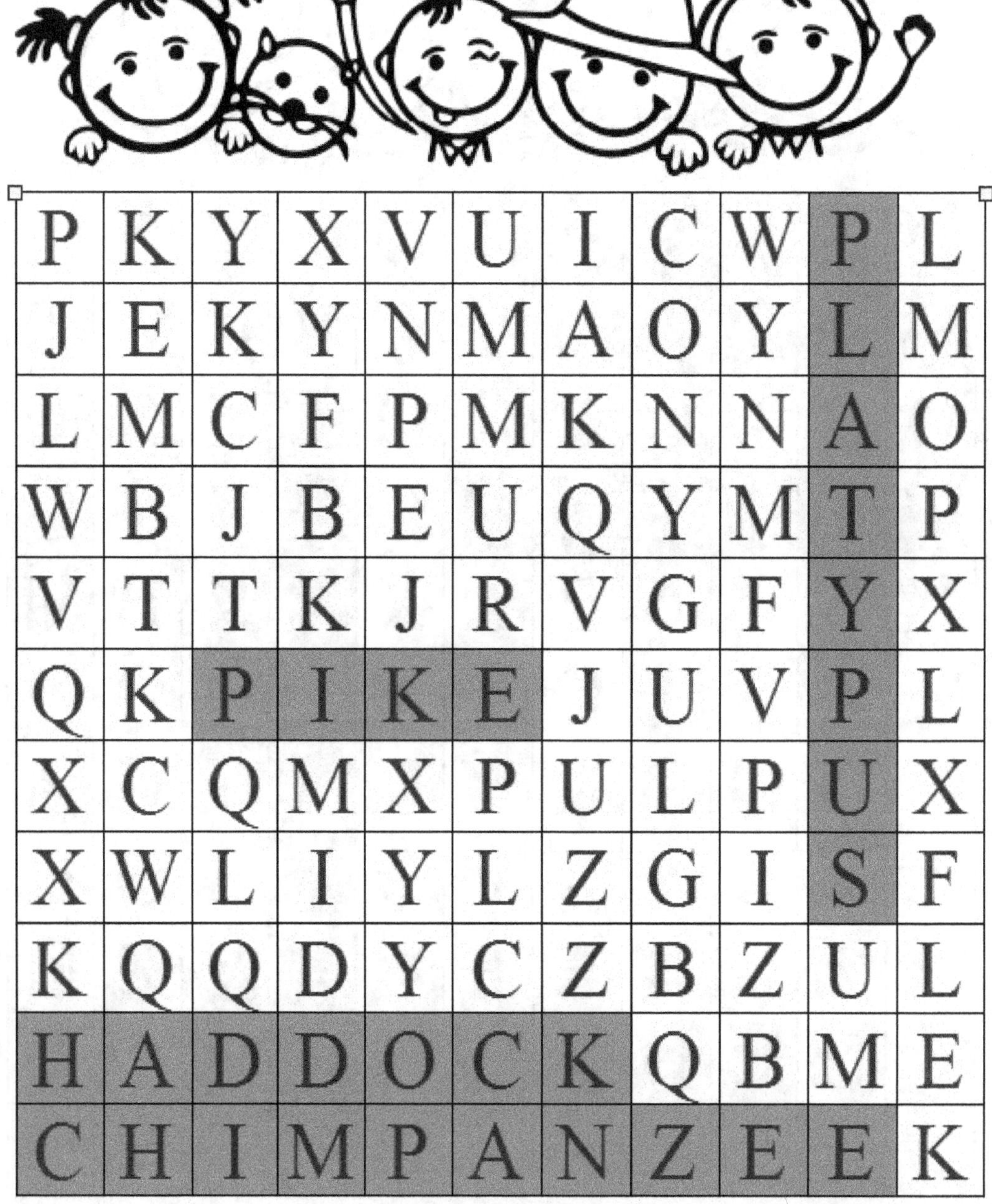

CHIMPANZEE, PLATYPUS, HADDOCK, PIKE

POLECAT, PERCH, DOVE, RAVEN

HARE, LLAMA, SKUNK, COD

H	Y	E	N	A	T	V	B	F	Q	F
P	S	V	B	T	E	E	L	C	V	C
Z	H	A	H	B	P	L	K	Z	T	L
W	Z	N	V	Y	P	W	O	L	F	Z
T	U	T	K	Q	A	V	B	B	F	K
B	N	E	H	Q	V	G	F	L	I	L
N	F	L	M	P	M	X	U	Z	O	K
A	Q	O	V	E	Q	G	M	L	J	Y
L	O	P	H	M	Z	X	C	B	Z	M
V	L	E	W	O	D	W	U	Y	X	W
O	Z	V	N	F	Q	P	W	X	C	I

ANTELOPE, HYENA, WOLF, EEL

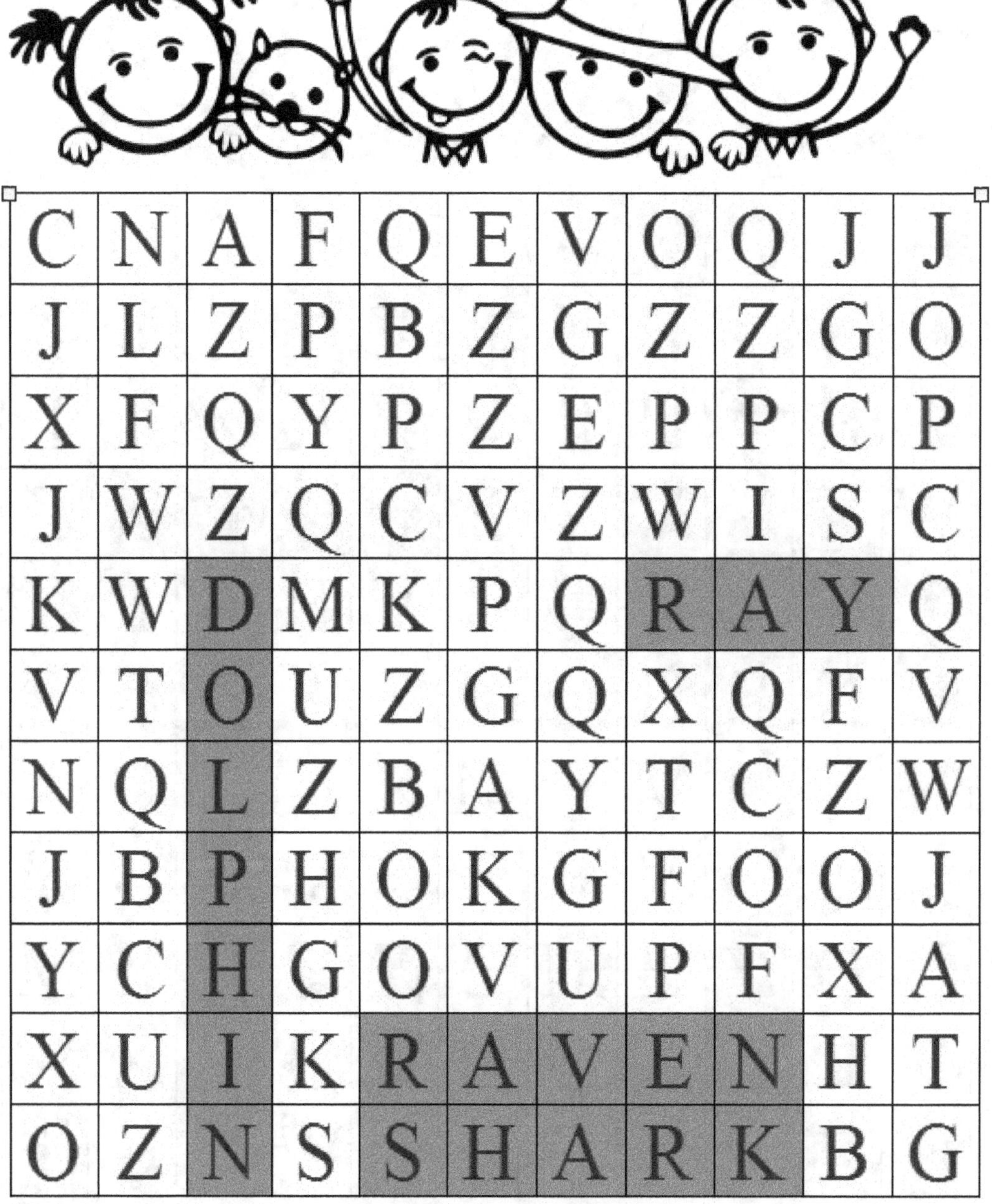

DOLPHIN, RAY, SHARK, RAVEN

GOAT, MARMOT, ALBATROSS, RAVEN

LION, SEAL, JELLYFISH, KESTREL

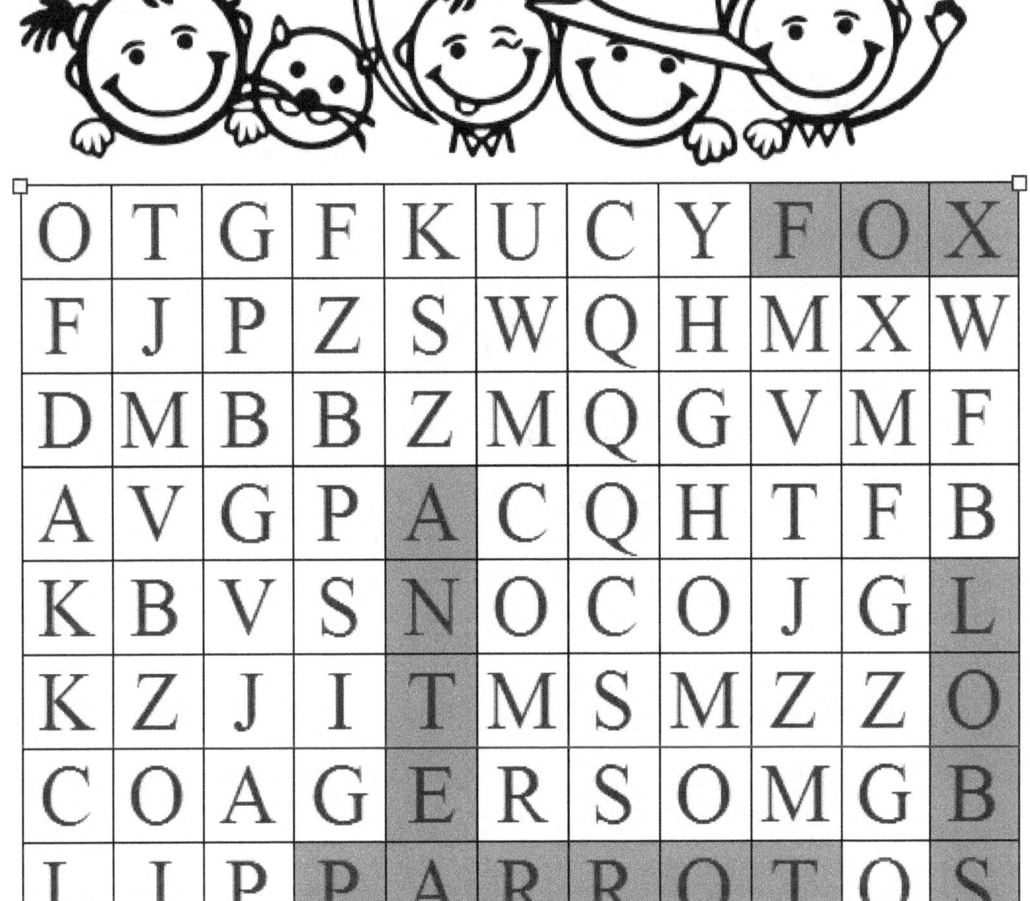

O	T	G	F	K	U	C	Y	Y	F	O	X
F	J	P	Z	S	W	Q	H	M	X	W	
D	M	B	B	Z	M	Q	G	V	M	F	
A	V	G	P	A	C	Q	H	T	F	B	
K	B	V	S	N	O	C	O	J	G	L	
K	Z	J	I	T	M	S	M	Z	Z	O	
C	O	A	G	E	R	S	O	M	G	B	
L	J	P	P	A	R	R	O	T	Q	S	
V	N	O	B	T	V	P	G	O	F	T	
M	L	C	C	E	L	X	M	M	O	E	
G	G	U	C	R	W	I	O	Z	X	R	

ANTEATER, FOX, LOBSTER, PARROT

B	B	Q	M	F	P	R	Q	L	U	H
P	G	L	F	D	P	I	K	E	W	G
X	R	E	W	M	K	M	P	Z	G	B
Z	V	F	W	D	I	I	E	Y	F	P
F	X	E	M	O	J	P	F	W	B	T
Y	P	E	V	V	F	K	U	Z	H	C
W	Q	L	G	E	S	B	Q	H	W	O
M	F	Z	C	Z	F	P	S	I	G	S
N	Z	D	A	C	H	S	H	U	N	D
C	A	Y	H	K	C	D	W	Z	O	U
K	Z	I	Z	P	O	D	J	O	C	S

DACHSHUND, EEL, PIKE, DOVE

LLAMA, OTTER, SWIFT, TIT

MOOSE, HARE, SHRIMP, DUCK

Word Search

M	V	F	Z	S	I	B	G	X	Z	E
J	S	H	Z	R	P	O	M	O	L	W
O	W	L	F	O	M	M	X	N	J	X
X	C	B	O	Q	P	M	Z	W	F	U
B	V	T	Y	R	P	K	N	J	O	U
A	N	T	E	L	O	P	E	Y	H	S
F	W	Z	X	D	G	W	C	D	Y	U
V	H	T	L	C	Q	F	U	E	E	P
W	N	V	Y	M	M	P	H	E	N	Q
N	W	P	C	P	X	O	J	R	A	Z
V	U	Y	O	X	R	B	M	B	Z	X

ANTELOPE, DEER, HYENA, OWL

Q	J	Z	R	O	V	U	U	D	R	K
Y	H	T	G	X	X	C	Q	M	N	B
V	A	M	M	L	W	M	P	L	A	G
V	M	L	M	A	M	M	O	T	H	V
Q	S	P	K	X	F	C	M	Z	P	N
X	T	U	G	Y	M	Z	K	B	L	O
K	E	C	P	D	O	V	I	O	Y	U
C	R	F	R	L	W	J	V	C	D	H
P	G	Z	A	M	M	A	R	M	O	T
Y	V	Y	T	O	T	Q	A	B	O	I
V	H	L	H	I	B	L	D	W	I	A

HAMSTER, MAMMOTH, MARMOT, RAT

H	W	B	C	N	M	T	G	O	V	C
W	J	F	W	N	X	R	K	X	K	Y
L	M	K	P	C	T	J	Q	B	C	C
L	P	E	A	C	O	C	K	U	P	Y
R	R	H	F	U	O	U	K	O	Z	T
A	Z	S	M	G	V	J	B	A	J	L
Y	J	H	K	U	L	V	K	P	X	X
L	O	R	D	O	P	B	K	J	Y	J
J	X	I	I	W	J	Q	U	G	Q	M
Z	F	M	V	S	K	U	N	K	K	C
Y	O	P	Z	K	W	M	B	X	R	O

SKUNK, RAY, SHRIMP, PEACOCK

HOG, PORCUPINE, JACKDAW, KESTREL

DACHSHUND, JELLYFISH, ALBATROSS,

BULLOCK, HYENA, DOG, OSTRICH

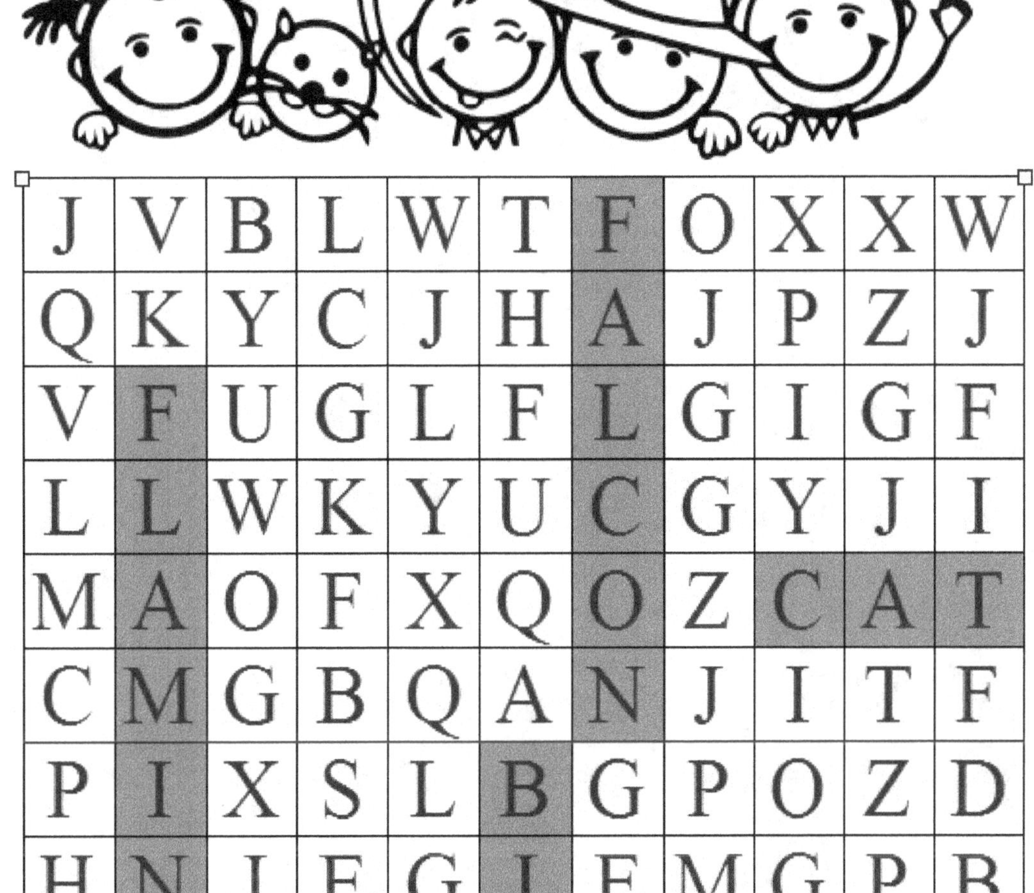

J	V	B	L	W	T	F	O	X	X	W
Q	K	Y	C	J	H	A	J	P	Z	J
V	F	U	G	L	F	L	G	I	G	F
L	L	W	K	Y	U	C	G	Y	J	I
M	A	O	F	X	Q	O	Z	C	A	T
C	M	G	B	Q	A	N	J	I	T	F
P	I	X	S	L	B	G	P	O	Z	D
H	N	J	E	G	I	E	M	G	P	B
Q	G	K	F	G	D	J	R	U	F	U
Q	O	F	U	P	D	K	K	J	E	Z
J	K	Q	S	N	Y	W	L	S	P	A

CAT, BIDDY, FALCON, FLAMINGO

O	K	A	X	Z	N	M	J	X	Z	L
V	N	N	O	I	D	Q	Q	K	U	L
S	R	U	F	J	W	Y	X	W	H	Z
T	J	T	Y	H	G	V	J	L	A	K
O	X	H	L	X	L	L	J	E	D	N
R	M	A	M	E	Z	K	B	R	D	O
K	H	T	Y	P	Q	Y	Q	C	O	X
Q	R	C	C	M	L	A	Q	X	C	H
Y	P	H	B	G	Y	P	U	H	K	O
Q	K	J	X	T	P	W	O	M	C	V
L	O	V	I	B	D	E	E	R	B	Q

DEER, HADDOCK, NUTHATCH, STORK

H	W	Q	K	W	O	X	L	Y	N	X
H	G	Q	Q	L	C	O	U	U	S	H
M	F	D	C	K	L	F	P	I	G	C
U	H	L	G	B	S	O	Y	A	Y	B
F	L	M	K	U	Z	F	Q	J	J	X
Y	J	B	S	L	B	C	X	M	M	M
A	S	J	A	L	I	Z	B	I	B	O
Z	S	I	L	O	M	R	Z	U	Q	L
I	C	R	M	C	M	L	G	W	G	V
X	H	F	O	K	J	I	G	Z	B	W
Q	J	Q	N	F	S	W	J	V	E	V

BULLOCK, LYNX, PIG, SALMON

RAT, RHINOCEROS, KESTREL, SWAN

GIRAFFE, MOLE, BEAR, PHEASANT

DOLPHIN, SHELL, PARAKEET, TIT

U	U	I	B	U	E	A	G	L	E	V
L	W	K	C	Z	J	W	Z	H	K	O
C	N	L	Q	T	I	G	E	R	M	O
U	O	E	G	O	X	H	U	X	Y	L
C	P	S	S	O	G	O	L	B	Z	L
K	D	K	R	C	V	R	F	Q	P	B
O	F	M	L	A	M	C	F	W	Z	L
O	C	H	M	N	J	I	Q	I	K	G
D	L	Z	W	A	V	L	E	P	J	K
B	B	V	C	R	V	M	Z	C	C	H
B	T	M	V	Y	J	A	K	P	V	L

TIGER, CANARY, CUCKOO, EAGLE

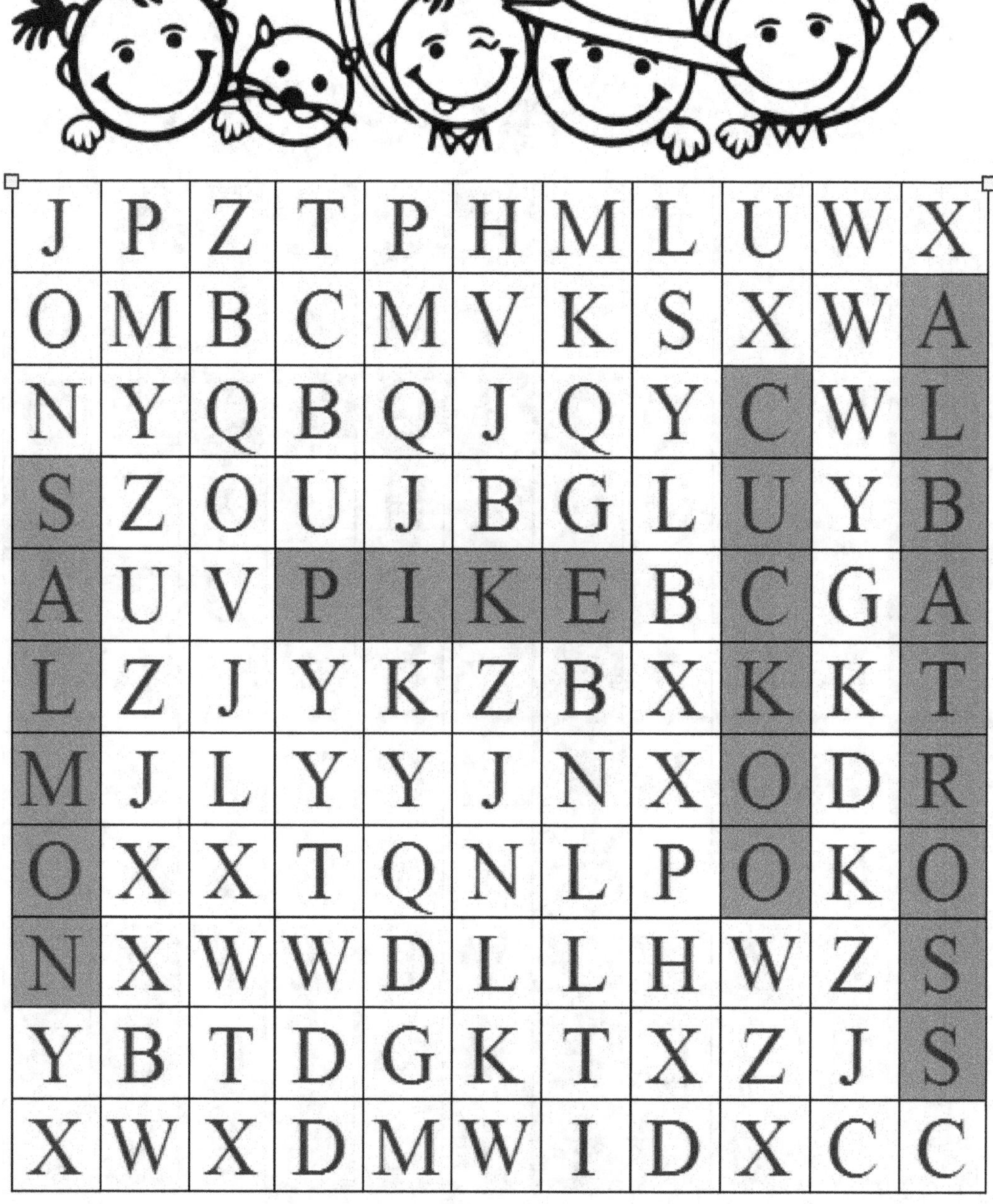

PIKE, SALMON, ALBATROSS, CUCKOO

PIG, PORCUPINE, SLOTH, CROW

CAMEL, HYENA, MARMOT, SLOTH

ANTELOPE, GOAT, PLATYPUS, FINCH

A	H	A	R	T	W	S	H	A	R	K
A	J	M	K	Y	U	W	W	D	D	F
Y	J	K	B	M	B	D	M	K	B	Z
F	U	P	Z	B	F	A	X	I	Q	A
J	Q	P	D	B	X	C	K	H	K	F
I	Z	V	V	J	O	H	L	N	M	Q
M	O	L	E	B	Z	S	C	O	N	O
Y	A	G	K	W	W	H	K	K	F	O
A	A	K	K	G	M	U	E	Q	U	Q
Q	Y	F	Y	L	R	N	C	V	B	F
K	P	B	M	K	Z	D	L	W	K	Q

DACHSHUND, HART, MOLE, SHARK

K	C	X	C	C	J	P	B	H	I	K
K	C	V	D	E	C	O	E	W	F	V
K	U	N	H	A	B	Q	N	P	W	Y
B	G	W	B	G	P	O	U	W	K	V
N	J	U	Y	L	P	N	Q	A	B	L
W	U	K	P	E	L	W	J	M	Q	E
V	V	O	V	B	M	L	M	Q	Q	X
I	A	O	B	O	U	U	X	B	Y	U
H	A	R	E	F	P	J	L	E	W	A
K	N	P	H	E	A	S	A	N	T	H
K	O	O	K	A	B	U	R	R	A	Z

HARE, EAGLE, KOOKABURRA, PHEASANT

SKUNK, TIGER, BARBEL, PLAICE

MONGOOSE, POLECAT, BLACKBIRD, DOVE

ANTEATER, SHRIMP, PELICAN, PENGUIN

F	L	A	M	I	N	G	O	J	B	O
Z	Q	Y	F	K	W	U	P	M	G	N
C	Y	P	E	L	Z	W	P	F	U	T
Y	I	A	E	U	J	Z	F	L	B	M
V	Q	R	L	U	E	Z	L	K	C	Z
X	B	A	Y	O	D	W	H	O	V	M
E	S	K	W	L	G	O	E	L	U	G
O	B	E	K	V	Z	X	F	S	H	Q
D	Z	E	O	E	K	X	F	K	A	F
Y	J	T	I	E	O	B	R	N	W	J
P	Q	C	F	W	Z	C	M	R	K	P

EEL, FLAMINGO, HAWK, PARAKEET

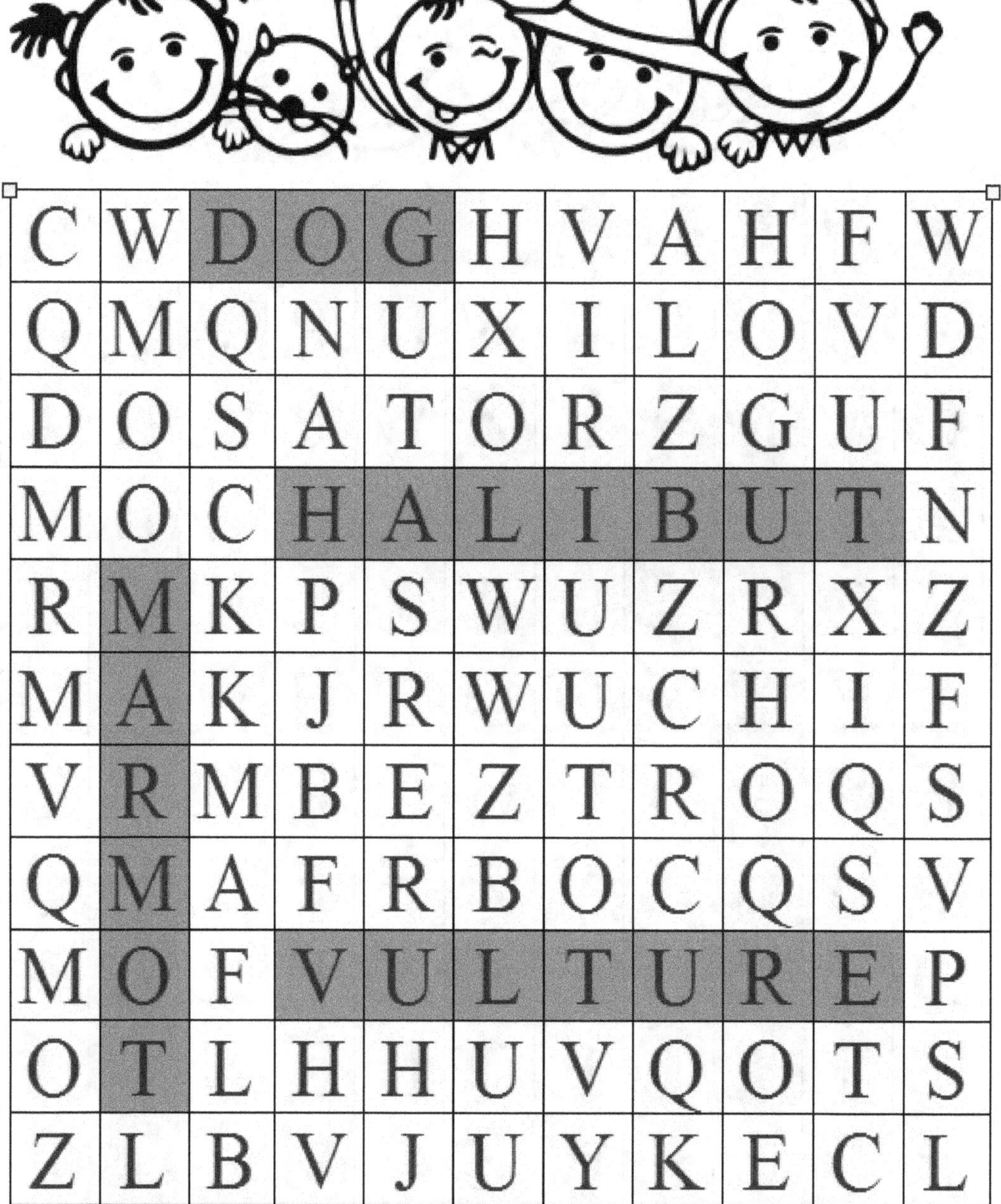

MARMOT, DOG, HALIBUT, VULTURE

F	P	M	C	R	V	V	B	J	S	H
G	O	V	W	L	V	N	G	L	V	C
U	N	V	H	E	X	J	Z	J	Z	C
G	Y	P	B	Q	M	F	Q	C	K	W
K	Y	G	I	R	A	F	F	E	Z	M
P	M	X	M	P	W	C	O	K	F	L
H	U	F	W	Y	M	W	K	Y	L	Z
B	L	V	U	Q	J	G	Q	C	W	N
C	E	E	V	M	C	G	W	D	R	U
Y	B	X	D	G	D	M	F	P	E	D
E	R	K	D	U	V	Y	L	Y	N	Q

GIRAFFE, MULE, PONY, WREN

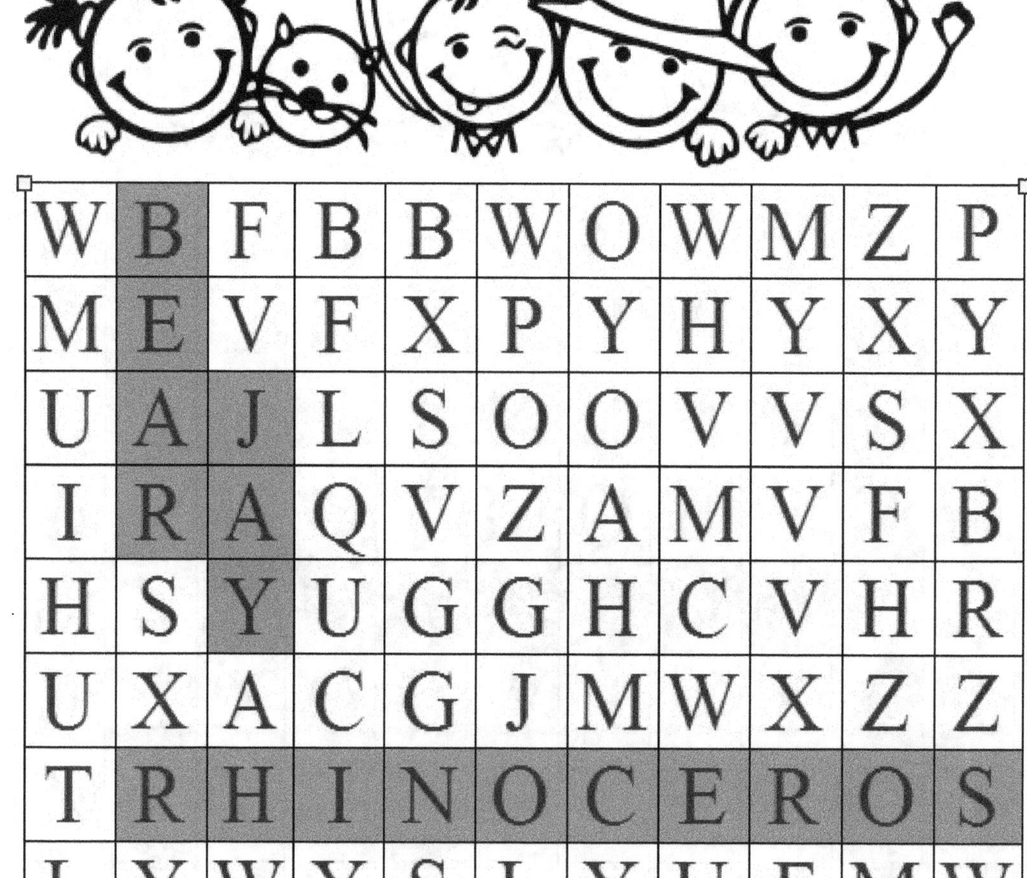

BEAR, RHINOCEROS, BLACKBIRD, JAY

DEER, GAZELLE, LYNX, CUCKOO

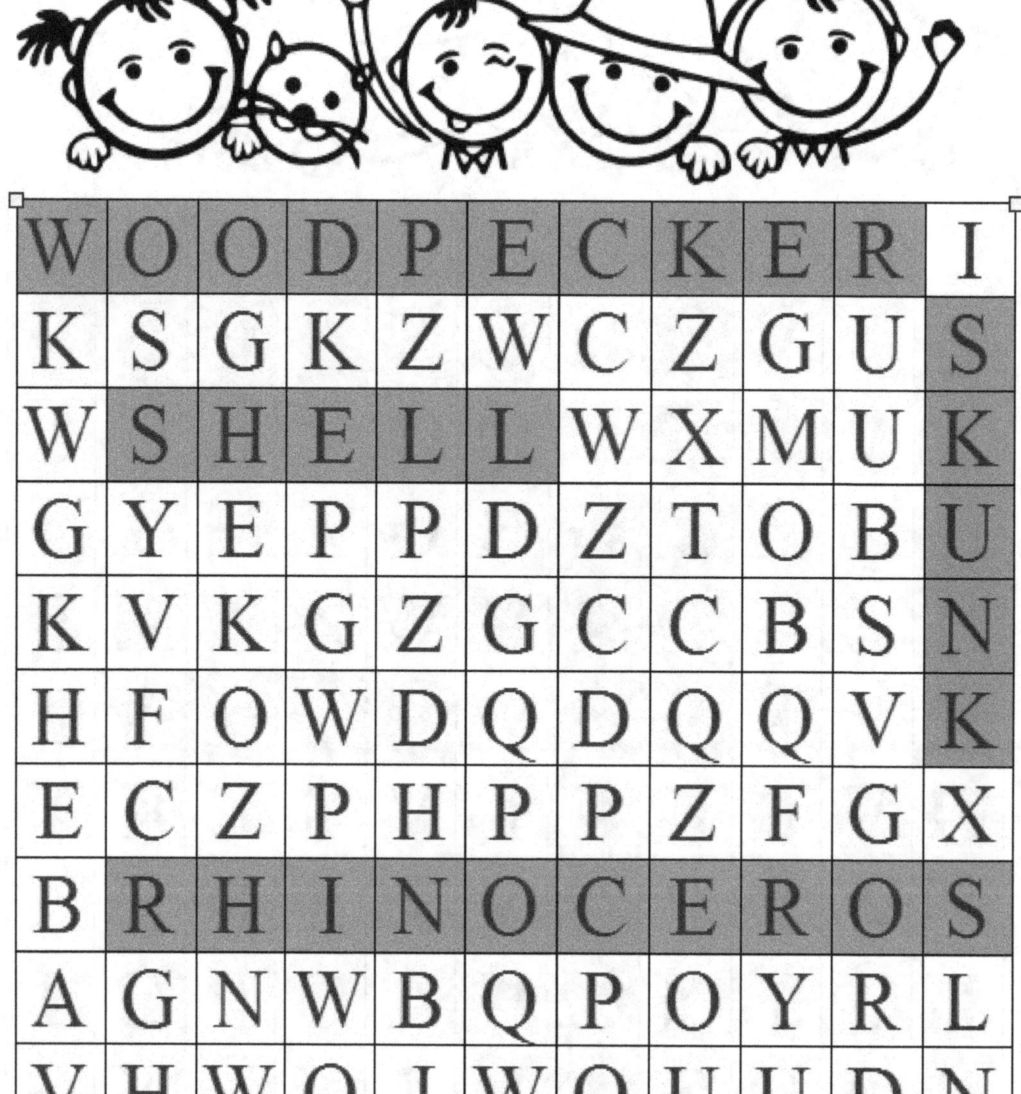

RHINOCEROS, SKUNK, SHELL, WOODPECKER

HARE, HEDGEHOG, MULE, REINDEER

CHIMPANZEE, LLAMA, NUTHATCH, SPARROW